AF562699

Catéchisme

DES

TRAVAILLEURS

A l'usage de tous,

POUR SERVIR D'INTRODUCTION A LA RÉORGANISATION DU TRAVAIL,

PAR **H. OBERT.**

Réorganiser le Travail, c'est relever le crédit public; c'est affranchir l'agriculture, l'industrie et le commerce du joug que l'argent fait peser sur eux; c'est donner du travail à tous, et restituer à chacun la part réelle du produit de ce travail; c'est répartir l'instruction, le bien-être et l'indépendance entre tous; c'est enfin assurer l'existence du vieillard, de la veuve et de l'orphelin.

PRIX : 15 CENTIMES.

Paris.

CHEZ L'AUTEUR, RUE DE LA VICTOIRE, 24;

Et chez les principaux Libraires.

1848.

CATÉCHISME

DES TRAVAILLEURS,

A l'usage de tous,

POUR SERVIR D'INTRODUCTION A LA RÉORGANISATION DU TRAVAIL

CHAPITRE PREMIER.

Des Droits du Travailleur.

Demande. Que réclame la terre de l'homme pour satisfaire à ses besoins moraux et matériels?

Réponse. Du travail.

D. Qu'est-ce que le travail?

R. Le moyen d'utiliser, dans la mesure des besoins et des jouissances de l'homme, toutes les matières répandues à la surface du globe et renfermées dans le sein de la terre.

D. Qu'est-ce que le travailleur?

R. Depuis le manœuvre jusqu'au président de la République, tous ceux qui, directement ou indirectement, concourent au développement, à la production et à la conservation de la richesse publique, sont des travailleurs.

D. Qu'est-ce que la richesse?

R. Le fruit du travail de tous.

D. Tous les travailleurs sont donc riches?

R. Non; il en est parmi eux que la misère accable.

D. Comment la misère accable-t-elle une partie des travailleurs, la richesse étant le fruit du travail?

R. Parce que ces fruits ne sont pas répartis entre tous d'une manière équitable.

D. Pourquoi cela?

R. Parce que, dans le système actuel, celui qui manque d'argent vend son travail et en abandonne le fruit à celui qui le paie.

D. Comment l'argent manque-t-il?

R. L'argent étant le signe représentatif du travail, manque lorsque la production dépasse les bornes posées par le numéraire.

D. Le travail n'est pas borné par le numéraire; au besoin on lui substitue des valeurs de commerce.

R. Ces valeurs ne peuvent remplacer le numéraire; lorsque seules, elles représentent le travail, elles sont ramenées par la faillite dans les limites tracées par l'argent. Lorsqu'une industrie nouvelle absorbe de grands capitaux, elle enlève aux industries secondaires le crédit servant à les alimenter; alors viennent les faillites partielles. Lorsqu'une commotion politique porte la perturbation dans les transactions du commerce et de l'industrie, le crédit cesse et la misère est générale.

D. Ce sont des calamités résultant de circonstances spéciales.

R. Ces calamités ne dépendent pas de circonstances spéciales, mais de la fausse organisation du travail, et principalement du système monétaire. Le capital argent est, dans l'état actuel, la valeur réelle représentant le travail. Ce capital est créé d'avance et sans qu'il soit tenu compte des forces productives qu'il doit alimenter. La production est bornée à la valeur du capital argent mis en circulation, et l'exiguité de ce capital est un obstacle constant à l'accroissement de la fortune publique.

D. Comment lever cet obstacle?

R. En changeant le système monétaire, en créant le signe du travail à mesure de la production, elle ne rencontrera plus d'entraves, le développement de la fortune publique n'aura plus de limites.

D. Vous avez dit que la répartition des fruits du travail ne se fait pas équitablement; comment cela?

R. Par le système qui régit l'industrie, le travail est une marchandise. L'argent qui représente cette marchandise étant borné à une quantité déterminée, est restreint dans son action. Les travailleurs sont nombreux; ils peuvent produire pour des sommes plus considérables que celles dont les propriétaires d'argent consentent à disposer en faveur de l'industrie. Par suite de la concurrence, ils vendent leur travail au rabais, et l'adjugent pour une valeur inférieure à celle des objets produits par eux. La différence entre le prix payé pour le travail et sa valeur réelle est la part de l'argent. Le travailleur ne trouve pas toujours dans le prix de son travail de quoi satisfaire à ses besoins. L'argent obtient dans le bénéfice une part plus considérable que celle accordée au producteur.

L'ouvrier consomme chaque jour le prix de son travail, il est forcément à la disposition de l'argent. Lorsque l'argent manque ou se cache, le travail cesse, la misère s'empare de l'ouvrier; et cela, parce que le signe du travail est borné, parce qu'il peut acheter toute espèce de travail. Là sont les causes qui s'opposent à ce que la répartition du travail puisse se faire équitablement.

D. Un tel état de choses ne peut durer dans une société bien organisée, la misère ne peut être la part du plus grand nombre; il ne faut pas qu'il y ait de priviléges.

R. Les priviléges de castes ont disparu en 1793; il n'y a plus de privilégié que l'argent. Ce n'est donc plus aux hommes qu'il faut s'en prendre, mais aux institutions, qu'il faut modifier. Il faut affranchir l'homme du joug que l'argent fait peser sur lui. Il faut que l'esclavage des travailleurs cesse.

D. Je ne vous comprends pas, expliquez-vous.

R. Avant 1793, les priviléges de la noblesse et du clergé absorbaient la liberté du peuple et les fruits de son travail. Ces priviléges périrent avec ceux qui les défendaient. La Liberté, l'Égalité, la Fraternité furent proclamées; mais l'argent étant comme auparavant le signe de la richesse, les fruits du travail restèrent à celui qui en avait le plus. La seule conquête de l'ouvrier fut celle des dépôts de mendicité, où il trouva le pain et la réclusion. 1830 vit élever ses barricades ; la royauté, aux couleurs républicaines, dit au peuple : La Charte sera une vérité. Cette royauté lui a donné les Salles d'Asile et les Crèches. Trompé cette fois encore, il dut se replacer fatalement sous le joug que depuis tant de siècles l'argent faisait peser sur lui. C'est pour secouer cet esclavage, qu'après dix-huit années d'attente, il a proclamé la République.

D. Où donc est l'esclave ?

R. L'esclave, c'est l'ouvrier qui chaque jour, sans récolter les fruits de son travail, livre son temps, ses forces et son intelligence ; c'est le chef d'atelier qui engage son usine, ses produits pour en acquitter les charges ; l'esclave, enfin, c'est le négociant succombant devant la faillite.

D. Comment affranchir l'homme de cet esclavage ?

R. En associant les forces productives qui se heurtent et se perdent dans la lutte industrielle ; en combinant ces forces de telle sorte qu'elles profitent à tous, et donnent l'indépendance matérielle à chacun, en changeant le signe représentatif du travail.

D. L'indépendance matérielle est donc réclamée par le travailleur ?

R. Oui, comme moyen d'obtenir la liberté. Sans l'indépendance matérielle, la liberté, l'égalité, la fraternité sont autant de mensonges.

D. Pour les travailleurs, la révolution est donc plus socialiste que politique ?

R. Le temps passé à l'atelier ne permet guère aux travailleurs de s'occuper de la subtilité des mots. Ils ont participé aux révolutions de 1793, 1830 et 1848 dans l'espoir que chacune d'elles leur donnerait non-seulement la liberté politique, mais encore l'indépendance matérielle.

D. 1848 doit les contenter ?

R. Oui, si leurs droits ne sont plus discutés ; non, s'ils leur sont contestés.

D. Le travailleur est électeur, il fait partie de la garde nationale, il doit être satisfait ?

R. Les élections et le service de la garde nationale sont pour les classes laborieuses un impôt onéreux. L'homme, qui chaque jour vend son travail, n'a pas élevé les barricades seulement pour ajouter cette nouvelle charge aux causes de misère qui déjà pèsent sur lui.

D. Que veulent donc les travailleurs ?

R. Leur droit.

D. Qu'entendez-vous par là ?

R. Le droit naturel : celui de récolter le fruit de son travail.

D. Qu'est-ce donc que le salaire et le traitement ? Les droits des travailleurs ne sont-ils pas là ? Ces droits ne sont-ils pas consacrés depuis des siècles ?

R. Pour le morceau de pain du jour, l'homme en santé vend sa force, son temps, son intelligence ; personne ne paie l'homme malade. Le traitement, le salaire sont les marques de servage du dix-neuvième siècle. Par eux le travailleur est l'homme lige de l'argent, il est l'esclave d'une chose. 1848 a proclamé la liberté : elle ne sera complète que lorque le travailleur jouira de ses droits dans toute leur plénitude.

D. Mais, enfin, expliquez-vous clairement : quels sont ces droits ?

R. Le travail assurant l'existence morale et matérielle, et la propriété du fruit de ce travail ; là sont les droits des travailleurs, là sont les bases de la liberté, de l'égalité, de la fraternité, proclamées par la république, et dont le travailleur, qui en est la gloire et la force, ne doit plus être frustré.

D. Mais vous renversez les idées reçues : que devient la part du capital ?

R. Je ne renverse rien ; je laisse tout où je le trouve : l'atelier, la famille, la propriété. Je veux que tout fonctionne comme par le passé, que tout soit respecté, le capital comme le reste. Je ne réclame que le droit de constituer le travail sur des bases qui permettent au travailleur de disposer librement de son individualité.

D. Qu'entendez-vous par l'individualité des travailleurs ?

R. La force et l'intelligence que Dieu accorde à chaque homme, que l'étude et la pratique développent.

D. Le travailleur n'en jouit-il pas ?

R. Lorsqu'un homme, pour un somme fixée et pour un temps déterminé, livre son temps, sa force, son intelligence, il vend son individualité, propriété sacrée donnée par Dieu, et que tous devraient respecter.

CHAPITRE II.

De l'Association des Travailleurs, des Ateliers.

D. Comment restituer au travailleur la libre disposition de son individualité ?

R. Par l'association.

D. De quoi se compose votre association ?

R. De l'agriculture, de l'industrie et du commerce.

D. Comment opérez-vous ?

R. En créant des ateliers d'exploitation agricoles et des ateliers industriels, reliés entre eux par des magasins ou comptoirs de commerce agissant tous dans un but commun, et n'opérant que pour le compte et au profit des travailleurs.

D. Puisque vous supprimez l'argent, quel signe représentatif du travail adoptez-vous ?

R. Un bon de service créé à mesure et dans les proportions du travail exécuté, servant à acquitter la valeur du travail journalier, et donnant à celui qui le possède le droit de choisir au magasin les objets à sa convenance.

D. Comment obtiendra-t-on la terre et les premiers établissements nécessaires à la fondation des ateliers ?

R. En demandant à l'Etat la libre disposition des propriétés nationales, et la mise du séquestre sur les terres communales, sur celles des hospices et sur les propriétés particulières, dont la culture, le défrichement ou la mise en valeur seront négligés. Ces terres seraient progressivement mises en exploitation par nos ateliers. On agirait de même pour tous les ateliers ou usines dont les travaux, par une cause quelconque, seraient suspendus. Le capital nécessaire aux premiers approvisionnements des magasins serait fourni par l'Etat au moyen d'une émission de bons de service ayant pour garanties les meubles et immeubles mis à la disposition des ateliers.

D. Cette association doit elle se faire immédiatement et d'une manière générale?

R. La création immédiate des ateliers serait la preuve que l'on s'occupe sérieusement des travailleurs ; néanmoins, il faut agir progressivement et avec mesure ; autrement, on compromettrait l'avenir des ateliers.

D. Par la fondation de ces ateliers, l'Etat ne se fait-il pas entrepreneur de travail ? N'absorbe-t-il pas l'industrie ?

R. Nullement : l'Etat n'a d'autre action sur ces ateliers que le droit de contrôle que tout capitaliste exerce sur l'atelier ou le magasin qu'il commandite. Nos ateliers s'administrent eux-mêmes, fonctionnent chacun pour son compte, ils sont indépendants les uns des autres et complètement en dehors de toute influence étrangère. Dans ces ateliers, directeurs, employés, contre-maîtres, ouvriers, hommes de peine, tous sont travailleurs, en même temps qu'ils sont associés.

D. Comment établissez-vous l'association entre des hommes de peine, des comptables, des contre-maîtres, des ouvriers, et celui qui les dirige?

R. Les bases de l'association des travailleurs existent depuis l'établissement du salaire. Là est la mesure de la valeur productive de chacun. Nous remplaçons le salaire par un minimum d'intérêt, fixé suivant la proportion du travail exécuté ou des services rendus par chacun, d'après un tarif adopté par des syndics arbitres ; nous accordons en outre une participation dans les bénéfices ,calculée au centime le franc du minimun d'intérêt compté annuellement à chaque travailleur.

D. Qui nomme le directeur et les divers fonctionnaires de l'atelier?

R. Les fonctions sont temporaires, elles sont conférées par l'élection. Les travailleurs réunis nomment aux fonctions vacantes.

D. Quelles garanties demandez-vous contre l'incapacité?

R. Un programme publié chaque année, indique les connaissances nécessaires pour remplir chacune des fonctions de l'atelier.

Nul ne peut être élu s'il n'est porteur d'un brevet de capacité, constatant qu'il possède les connaissances indiquées par le programme.

D. Qui rédige ce programme?

R. Le Congrès des travailleurs.

D. Qu'appelez-vous le Congrès des travailleurs?

R. Chaque année, les travailleurs nomment un délégué par atelier. Ces délégués se réunissent en congrès, étudient et discutent les questions commerciales et industrielles, décident et arrêtent toutes les mesures que réclament les intérêts des travailleurs.

D. Qui délivre les brevets de capacité ?

R. Les syndics arbitres.

D. Qu'appelez-vous syndics arbitres?

R. Chaque année, les travailleurs réunis choisissent dans l'atelier dont ils font partie un travailleur par chaque profession et par chaque divison de profession, et lui confient les fonctions de syndic arbitre. Ces syndics sont chargés de toutes les questions d'ordre intérieur; ils se constituent deux fois par année en comité d'examen pour entendre les candidats aux diverses fonctions ; lorsqu'il y a lieu, ils délivrent les diplômes ou brevets de capacité.

D. Qui juge les différends pouvant subvenir entre les travailleurs?

R. Les syndics arbitres constitués en tribunal arbitral. Leurs décisions sont sans appel.

D. Qui fixe le tarif du minimun d'intérêt à payer pour le prix courant des travaux, soit à journée, soit à façon?

R. Les syndics arbitres préparent les tarifs, lesquels sont basés sur les prix payés dans les établissements particuliers, se livrant à la même industrie dans la contrée où se trouve l'atelier. Ces tarifs sont en même tempe réglés sur les prix auxquels les objets de première nécessité peuvent être livrés aux travailleurs de l'atelier. Ces tarifs sont provisoires jusqu'au moment où les délégués, réunis en congrès, les ont définitivement adoptés.

D. Qui décide du genre, de la nature et de l'importance des travaux à exécuter par chaque atelier?

R. Le Congrès des délégués.

D. Sur quoi base-t-il ses décisions?

R. Sur les rapports que lui remettent les ateliers et les magasins.

D. Quelles sont les fonctions des magasins auprès des ateliers?

R. Ils reçoivent les produits résultant du travail des ateliers, ils délivrent aux travailleurs les objets nécessaires à leur usage et à leur consommation. Contre les bons de service, et au prix de revient, ils distribuent les matières premières aux ateliers dont ils sont chargés d'écouler les produits.

D. Les ateliers donneront donc du travail à tous ceux qui en demanderont?

R. Oui, à tous ceux qui voudront travailler.

D. Et à ceux qui ne voudront rien faire?

R. Nos ateliers ne donnent rien aux paresseux.

D. Qu'en font-ils?

R. Rien. L'Etat les emploie avec les mauvais sujets, les vagabonds et les voleurs, à des travaux correctionnels.

D. Vous faites donc travailler dans les prisons?

R. Oui. N'est-ce pas la loi commune? De quel droit les paresseux et les voleurs jouiraient-ils du privilége de vivre sans produire? Les ateliers de correction seront chargés des travaux pénibles et repoussants. On trouvera, dans le classement de ces travaux, des moyens de punition aussi utiles à la société qu'aux prisonniers; ils enrichiront l'une et corrigeront les autres.

D. Vous blâmiez les dépôts de mendicité; que sont-ils donc auprès de vos ateliers de correction où vous confondez le paresseux et le voleur?

R. Nous proposons d'ouvrir des ateliers, où, partout et en tout temps, les travailleurs n'auront qu'à se présenter pour être occupés. Dès lors, le paresseux, être parasite et nuisible, consommant sans produire, doit être sévèrement puni. Le dépôt de mendicité sépare le mendiant de sa famille, le séquestre de la société; et cependant, souvent il n'est coupable que de manquer de travail : en croyant détruire un abus, on punit le malheur. Que proposons-nous? De punir un délit volontaire.

D. Vous voulez donc que tout le monde travaille?

R. Ce n'est pas nous, c'est la nature qui l'exige.

D. Mais ceux qui, par leur travail ou celui de leur père, possèdent de quoi vivre sans rien faire, sont-ils donc forcés de travailler?

R. Nullement. Ils agissent comme aujourd'hui, en toute liberté : du moment que leur capital suffit à leur existence, de quel droit exiger qu'ils travaillent, s'ils ne le veulent pas?

D. Pourront-ils faire valoir ce capital?

R. Certainement. De même qu'aujourd'hui, chacun pourra, à son choix, opérer individuellement, par association particulière ou entrer dans l'association des travailleurs, la quitter pour s'associer ou travailler seul.

D. En associant les travailleurs n'arrêtera-t-on pas les progrès de l'industrie ?

R. Loin de là. Cette association ne peut que développer et perfectionner la production.

D. Que devient la concurrence ?

R. Que comprenez-vous par concurrence ? Est-ce l'affluence des ouvriers sur un point, les forçant à donner leur travail au rabais et à subir les conditions de la misère ?

Est-ce la concurrence du savoir-faire contre le bien-faire ? Est-ce la lutte entre les chefs d'ateliers conseillant de frauder, de dénaturer le produit pour le vendre à des prix inférieurs ? Est-ce la puissance du gros capital s'affaiblissant pour anéantir plus faible que lui ? Est-ce la position précaire du commerçant que l'extension du magasin voisin conduit à la faillite, à la banqueroute ?

Si c'est là ce que vous appelez la concurrence, nos ateliers feront tout pour la détruire. Mais si vous voulez la concurrence provocant la perfection, le bon marché, augmentant par le travail le bien-être du producteur, du vendeur et du consommateur : nos ateliers vous offriront cette concurrence.

D. Par quel moyen ?

R. En créant l'émulation entre chaque atelier, en stimulant chaque travailleur.

D. La certitude qu'aura chaque travailleur d'être toujours occupé dans vos ateliers n'engendrera-t-elle pas la négligence ?

R. Nos ateliers donnent de l'ouvrage à celui qui en réclame. Chacun est responsable de la bonne exécution de son travail. La rétribution journalière est basée sur la perfection de l'objet fabriqué, sur la quantité des produits donnés. La part d'intérêt dans les bénéfices généraux reposant sur cette rétribution, l'intérêt personnel est un stimulant suffisant pour placer les ateliers à l'abri de la négligence.

D. L'intérêt personnel bien dirigé est un stimulant puissant ; mais où sont les moyens économiques existant dans les ateliers où la fortune du chef est engagée, où il est maître, où il dirige d'une manière absolue ?

R. Dans l'état actuel, le chef d'atelier et l'ouvrier sont des antagonistes toujours en guerre, l'un achetant la force, le temps, l'intelligence de l'autre à prix réduit ; ce dernier livrant le moins de force, de temps et d'intelligence possible. De là, perte des forces productives ; les contre-maîtres et les ouvriers n'ayant aucun intérêt direct dans la réalisation des bénéfices, laissent leur chef user un temps précieux en surveillance incomplète, en recherches de perfectionnements que l'ouvrier repousse.

Dans nos ateliers, il y a une émulation incessante ; l'intérêt de tous fait que l'œil du maître, toujours ouvert, est partout ; chacun déploie sa force et son intelligence. Loin de cacher les perfectionnements que la pratique amène, tous s'empresseront de communiquer ceux qu'ils découvriront. Il y aura entre les membres de l'atelier un concours d'où ressortira la prospérité de l'atelier. On ne verra plus la matière première perdue et gâchée, sous le prétexte le plus frivole ; le temps, la force, l'intelligence et la matière seront employés avec fruit.

D. Comment remplacez-vous les garanties de progrès que présente le chef d'usine dont la fortune et l'honneur dépendent de l'établissement qu'il dirige?

R. Le temps des chefs d'usine absorbé par les questions d'argent ne leur permet guère de s'occuper de perfectionnements. Aujourd'hui, le progrès s'achète; il ne s'obtient qu'à grands renforts de capitaux; chacun est donc intéressé à le retarder : les uns pour économiser leur capital, les autres parce que le capital leur manque. Ce n'est qu'à force de persévérance, après de longues années d'une lutte de tous les instants, qu'une invention utile est appliquée. Dans l'ordre de choses actuel, tout perfectionnement est un préjudice pour celui qui n'en peut profiter; et rarement celui qui l'applique le premier y trouve la compensation du travail et du capital qu'il y a employés.

Quels que soient les avantages que présente une découverte, elle ne rencontre que des opposants : opposition du chef d'usine, qui ne voit qu'une augmentation de dépense; opposition de celui dont le capital est borné et qui ne peut la payer; opposition de la routine, de la médiocrité, de l'incapacité; opposition des ouvriers, qui ne voient dans la machine qu'une concurrence leur enlevant une portion du travail qui leur donne l'existence.

Par la fusion des intérêts, par l'association de tous, ces opposants deviennent autant de progressistes, auxiliaires nombreux et qui perfectionneront l'industrie.

D. En dehors des causes de progrès indiquées plus haut, quels sont les stimulants employés pour faire agir vos chefs d'ateliers?

R. Les fonctions de directeurs sont conférées par l'élection; elles sont temporaires; l'incapacité, la négligence, la malversation, les exposent à perdre leur position : dans ce cas, ils rentrent dans les rangs des simples ouvriers. Les chefs d'établissements particuliers ne doivent compte à personne de leur négligence, de leur incapacité ou de leurs prodigalités; ils marchent aussi longtemps que le capital dont ils disposent le leur permet, pour s'éteindre ensuite dans la faillite que souvent la concurrence provoque.

Nos chefs d'ateliers, libres de tout souci d'argent, déploieront toute leur intelligence pour conserver une position exceptionnelle leur permettant d'acquérir une fortune convenable et que la moindre négligence compromettrait. La surveillance incessante des travailleurs sera un stimulant puissant, non seulement pour le directeur, mais encore pour tous les autres fonctionnaires appelés à concourir à la prospérité de l'atelier; les uns pour conserver leur position, les autres pour l'obtenir, feront preuve de capacité, d'activité et de probité. L'émulation sera générale, tous voudront arriver. Les hommes si rares aujourd'hui se feront connaître, ils ne manqueront plus.

D. Vos ateliers, dans lesquels les chefs sont sous la dépendance des travailleurs, comment les faire fonctionner, comment les discipliner?

R. Nos chefs ne sont nullement sous la dépendance des travailleurs : loin de là; le candidat est à la discrétion des travailleurs; cela est exact; la fonction est complétement indépendante. Une fois nommé, le chef d'atelier dirige seul; tout émane de lui. Chaque travailleur, quel que soit son grade, doit exécuter les ordres que lui transmet son chef immédiat; chacun est en ce qui le concerne responsable de l'exécution des travaux qui lui sont confiés. Les questions de discipline intérieure sont fixées d'avance par les réglements proposés par les syndics arbitres, et acceptés par les travailleurs en assemblée générale.

Les peines disciplinaires sont proposées par les chefs immédiats des travailleurs ; l'application en est prononcée par les syndics arbitres réunis en tribunal de police administratif.

D. Quelles sont les branches industrielles devant être pratiquées au début?

R. L'agriculture et toutes les professions pouvant concourir à son développement.

D. Pourquoi l'agriculture, d'abord?

R. Comme moyen de pourvoir à la nourriture et à l'entretien des travailleurs.

D. Nous comprenons que l'agriculture nourrisse le travailleur, mais comment peut-elle l'entretenir, si ce n'est par l'échange de ses produits?

R. La prairie en nourrissant les bestiaux ne fournit-elle pas le cuir, la laine? La culture ne donne-t-elle pas le lin, le chanvre?

D. Comment? Voulez-vous associer la ferme, le tanneur, le cordonnier, le filateur, le tisserand, le fabricant de drap, le tailleur et le marchand?

R. Pourquoi pas? Par ce moyen on restituera au travailleur la juste portion de bénéfices résultant de la part de production donnée par lui. Par cette association, on affranchit le consommateur des intermédiaires parasites qui absorbent les bénéfices de l'industrie.

D. Ainsi donc, par une seule exploitation vous voulez alimenter des fabriques de cuir, de toile et de drap, que vous réunissez à la ferme où vous établirez votre comptoir de commerce?

R. Loin de nous une telle pensée : ce serait rêver l'impossible. Nous ne changeons rien à ce qui existe, nous laissons la propriété foncière dans toutes ses divisions ; il nous suffit d'établir des exploitations présentant assez d'étendue pour qu'elles soient faites avec profit. Nous ne déplaçons pas l'industrie. Les ateliers, placés dans de bonnes conditions, resteront où nous les trouverons. Les plus petits peuvent entrer dans l'association.

Nous n'associons pas la culture à l'industrie dans leurs travaux intimes, chaque profession peut fonctionner isolément, le travail même peut se distribuer à domicile ; tout se fait comme aujourd'hui.

Notre système repose sur l'association des bénéfices et l'emploi des bons de service, lesquels affranchissent nos ateliers du capital monétaire, et leur permettent d'obtenir sans argent, et par le seul emploi de l'intelligence et de la force combinées, les produits de toute nature que la culture et l'industrie peuvent donner.

CHAPITRE III.

Des Bons de Service du Magasin.

D. Vos travailleurs doivent vivre au moyen du minimum d'intérêts, comment l'acquittez-vous?

R. Au moyen de bons de service.

D. Les travailleurs obtiennent donc des espèces en échange?

R. Ces bons ne représentent pas les espèces.

D. Quel emploi les travailleurs en font-ils?

R. Ils les échangent au magasin contre les objets à leur convenance qu'ils obtiennent à prix de revient.

D. Comment les magasins soldent-ils les productions livrées par les ateliers?

R. Avec des bons de service reçus des travailleurs.

D. Il n'y a là rien de nouveau; vous remplacez le billet de banque.

R. Nous n'inventons rien, nous modifions ce qui existe; du papier est employé depuis longtemps, ce papier représente de l'argent.

Il fallait un signe d'échange ne représentant pas l'argent, mais s'y substituant, afin de permettre au travail de donner à la production toute sa force d'expansion, et de faciliter le développement de la fortune publique. Nous proposons le bon de service.

D. Mais si ce bon ne représente pas l'argent, que représente-t-il donc?

R. Le travail.

D. Où se trouve la garantie de la valeur donnée à ces bons de service?

R. Dans les produits du travail déposés au magasin.

D. Mais ne craignez-vous pas de voir créer des bons de service pour des sommes trop considérables et de les discréditer?

R. Cela ne sera pas; ils ne peuvent être émis que pour acquitter du travail exécuté.

D. Le magasin paie cependant en bons de service?

R. Il paie les produits des ateliers. L'objet produit est déposé au magasin, d'où il ne sort que contre remise d'un bon de service d'égale valeur. Ce bon retourne à l'atelier pour y acquitter les frais de main-d'œuvre d'un nouvel objet fabriqué, qui, lui aussi, arrive au magasin; en sorte que ces bons remplissent complètement les fonctions du numéraire et sont toujours représentés par un objet n'ayant coûté que la main-d'œuvre.

D. Ne craignez-vous pas un jour l'encombrement de production?

R. Créant le signe de la richesse à mesure de la production, l'encombrement de produits n'est nullement à craindre: il n'y aura pas encombrement; il peut y avoir abondance. Le cultivateur craint-il de voir ses granges encombrées, le vigneron, ses celliers trop remplis, l'herbager, ses pâturages trop couverts de troupeaux?

Plus nos ateliers produiront, plus la fortune, le bien-être de nos travailleurs sera assuré; plus ils auront d'objets à consommer, plus il y aura pour eux abondance de toutes choses.

D. Aujourd'hui, lorsque la production industrielle est trop abondante, les crises financières se font sentir, le travail cesse, la misère s'empare des travailleurs, la faillite menace l'industriel.

R. Cela tient à ce que le signe représentatif du travail, l'argent, étant la seule valeur qui serve à acquitter le travail, la production est bornée au capital dont chacun peut disposer. Au moyen de nos bons de service, jamais le travail ne sera suspendu. A mesure que l'on fabriquera, la richesse étant produite, le signe de cette richesse, le bon de service, sera émis; la production ne sera plus bornée à la quantité d'argent disponible ou à la somme de crédit accordée.

D. N'arrivera-t-il pas que quelques ateliers fabriqueront certains articles en trop grande quantité et ne satisferont pas aux besoins de la consommation pour d'autres?

R. Ce sera difficile; le Congrès des travailleurs représentant tous les ateliers, connaissant par les rapports journaliers le mouvement de la production et de la consommation, sera un guide infaillible qui permettra au chef d'atelier d'opérer avec certitude.

D. Les bons de service se placeront-ils en dehors de vos magasins et ateliers?

R. Les magasins échangeront contre ces bons les produits des ateliers au prix de revient; ils vendront ces mêmes objets au cours contre espèces. Les produits de nos ateliers étant obtenus à des prix inférieurs par les porteurs de bons, ces bons seront recherchés par les consommateurs placés en dehors de l'association.

D. Comment les produits de vos ateliers seront-ils obtenus à des prix inférieurs?

R. Notre association écarte de la production tout intermédiaire inutile et l'affranchit de la part accordée au capital. Chez nous, l'objet produit arrive à la consommation sans autre surcharge que celle de la main-d'œuvre et des frais relatifs; les prix de revient sont inférieurs à ceux des objets fabriqués en dehors de l'association.

D. Comment cela?

R. Quels que soient les produits de l'une des exploitations agricole ou industrielle, ces produits sont déposés au magasin contre paiement en bons de service du montant de la main-d'œuvre. Lorsque ces produits sont des matières premières, le magasin les délivre en compte courant aux diverses industries chargées de les mettre en œuvre; ces industries les reçoivent au prix de façon, augmenté d'une taxe proportionelle servant à couvrir les travaux improductifs de l'atelier, les frais des écoles et des services de santé, ainsi que les taxes dues à l'Etat; les matières converties en étoffes, en cuirs, en métaux, sont remises au magasin, augmentées des frais de façon et de la majoration couvrant les non-valeurs. Elles arrivent donc à la consommation, affranchies des charges que font peser sur elles le capital et les nombreux intermédiaires qui ruinent l'industrie.

D. Mais les non-valeurs, les charges dues à l'Etat, les frais des divers services, n'occasionnent-ils pas des dépenses équivalentes à celles que présentent les intermédiaires actuels?

R. Les non-valeurs et les taxes se répètent à chaque intermédiaire. Du reste, un seul exemple suffit pour démontrer la supériorité de notre système du travail sur celui qui a été suivi jusqu'à ce jour.

Un bœuf, avant d'arriver dans tout son ensemble à la consommation, a enrichi des intermédiaires dont plusieurs sont inutiles. Il a donné au capital des primes successives. Bien que toujours son travail ait payé en grande partie les dépenses faites pour l'élever et l'engraisser, il est vendu à un prix élevé à l'herbager, qui l'engraisse et le revend avec bénéfice au marchand, qui le livre avec un nouveau bénéfice au boucher, lequel distribue la viande, le suif et la peau, moyennant un autre bénéfice; en sorte que beaucoup sont forcés de se priver d'une nourriture dont ils ne peuvent payer le prix. Combien serait grande la différence du prix du bœuf fourni par nos travailleurs! Il ne coûterait pour arriver au boucher que la valeur des soins donnés pour l'élever et l'engraisser.

Le suif serait livré aux fabricants de chandelles, aux savonniers, dont les produits retourneraient au magasin, sans autres frais que ceux de main-d'œuvre. La peau, livrée au tanneur, au corroyeur, au bottier, reviendrait au magasin convertie en chaussures, n'ayant coûté que la portion de façon accordée pour chaque opération. Ce qui aurait lieu pour le cuir se répèterait pour les toiles, les draps, et ainsi de suite de tous les autres produits.

Par notre système, les travailleurs, livrant au magasin leurs produits chargés simplement du prix de leur travail et prenant en échange aux mêmes conditions les produits à leur convenance, trouvent dans ce mode un moyen certain d'assurer leur bien-être et d'augmenter la fortune publique.

CHAPITRE IV.

L'Impôt. L'État. Les Artistes. Les Marchands. Les Chefs d'Usines. La Répartition des Bénéfices. Le Capital.

D. Comment s'établissent les charges dues à l'Etat?

R. Nous l'avons dit. A chaque mutation, nos produits subissent une augmentation dont une partie représente la part de l'Etat.

D. Sur quelles bases cette taxe est-elle fixée?

R. Sur les besoins de l'Etat.

D. Comment cela?

R. L'Etat est commanditaire. Il a un commissaire auprès des ateliers; il a le droit, il doit même, dans l'intérêt du travailleur, contrôler la comptabilité. Comparant donc les dépenses de l'Etat avec les productions des ateliers, il suffit d'une simple règle de proportion pour fixer l'impôt proportionnel dû par chaque article produit.

D. N'est-ce pas établir au profit de l'Etat une espèce d'inquisition?

R. Nullement: c'est une simple question de comptabilité. Le commanditaire et l'actionnaire font-ils acte d'inquisition en examinant les actes de leurs directeurs? Personne, jusqu'à ce jour, n'a eu l'idée qu'il en pût être autrement: pourquoi donc craindre davantage les investigations de l'Etat? Quant à moi, sous le Gouvernement républicain, je ne crains nullement cette surveillance; j'y trouve, au contraire, une cause de sécurité, une garantie bien grande pour le travailleur.

D. Que deviennent les publicistes, les artistes, les littérateurs, dans votre système *tout matériel*?

R. Comment! tout matériel? N'affranchissons-nous pas le travailleur de la misère qui pèse sur lui? En l'instruisant, n'augmentons-nous pas le nombre de ceux qui réclament la nourriture de l'esprit? N'élargissons-nous pas le champ où jusqu'ici beaucoup de publicistes et de littérateurs n'ont trouvé qu'à glaner? Nos travailleurs, en trouvant le bien-être dans le travail, pourront consacrer une partie de leur temps aux loisirs de l'esprit. Les publicistes, les artistes et les littérateurs seront, sans contredit, ceux qui gagneront le plus à l'application de notre système.

D. Comment payez-vous les artistes et les publicistes?

R. Nos travailleurs acquitteront en bons de service leurs productions. Tout comme aujourd'hui, la valeur en sera appréciée suivant l'accueil que le public leur accordera.

D. Comment la répartition des bénéfices est-elle établie?

R. D'après la somme gagnée par chaque travailleur dans le courant de l'année : là est le titre donnant droit à la part bénéficiaire. Un relevé général du montant de la valeur des travaux est fait ; la somme représentée par cette valeur, calculée avec celle des bénéfices réalisés, la part de bénéfices revenant à chacun est facile à établir.

D. L'or, l'argent, qu'en faites-vous?

R. Nous l'échangerons contre nos produits ou contre des bons de service, et nous en ferons l'emploi le plus utile à l'association, soit pour acheter des matières premières, soit pour les convertir en bijoux.

D. Qui vous achète ces bijoux?

R. Nos travailleurs riches et les consommateurs étrangers.

D. Comment aurez-vous des travailleurs riches? Je vois l'aisance chez tous, je ne vois la richesse chez aucun.

R. Les inventeurs, les artistes, les hommes de génie, peuvent acquérir la richesse. Chaque invention donnant droit à une part proportionnelle des économies qu'elle apportera dans la production, et étant appliquée immédiatement par tous les ateliers, sera la source de la richesse pour ceux qui les auront découvertes ; les ouvrages créés par le génie réservant la plus large part à ceux qui les produiront, seront autant de sources de fortune pour les auteurs et de bien-être pour les travailleurs.

D. Que faites-vous des marchands et des chefs d'usines?

R. Nous appelons à nous ceux qui veulent nous suivre, et nous laissons les autres à la tête de leurs comptoirs et de leurs fabriques. Nous opérons sans eux, ils opèrent sans nous. La vie de ceux qui, aujourd'hui, sont à la tête d'établissements particuliers ne durera pas assez longtemps pour voir la transition complète. Ils ne doivent pas craindre que notre combinaison les atteigne dans leur fortune : loin de là, elle ne peut qu'aider à les relever.

D. Mais sans capital, comment l'Etat fondera-t-il vos ateliers?

R. Il y a les biens nationaux, les biens communaux et les biens des hospices, présentant une valeur plus que suffisante pour fonder nos ateliers, créer un large fonds d'exploitation agricole, et offrir des garanties pour donner à nos magasins le crédit nécessaire pour obtenir le premier outillage, et réunir les approvisionnements nécessaires aux travailleurs, jusqu'au moment où, par leur production, ils pourront se suffire.

D. Les biens communaux et les hospices n'appartiennent pas à l'Etat ; il ne peut en disposer.

R. Pourquoi non? Il s'agit d'utilité publique. Du reste, nos ateliers soignent leurs malades, pensionnent les vieillards, les veuves, élèvent les orphelins, et donnent du travail à tous ; dès lors, pourquoi donc occupant les travailleurs, laisser aux communes des terres dont les pauvres ne jouissent pas? Quant aux hospices, notre système en affranchit le pays : il n'y laissera pas de pauvres ; il met le fondateur de la richesse, le travailleur, à l'abri de l'hôpital ; il fait disparaître les dépôts de mendicité, les hospices des enfants trouvés ; il élève les enfants de la nation. Du reste, nos ateliers paieront aux hospices et aux communes une rente de 3 0/0 de la valeur des terres qu'ils mettront en exploitation; ils créeront un revenu nouveau en faveur des communes et doubleront celui des hospices.

D. Mais sans capital, comment l'Etat fondera-t-il vos ateliers ?

R. En mettant à leur disposition, ainsi que nous l'avons dit, les propriétés nationales, les propriétés communales et celles des hospices, dont la culture est négligée; en plaçant sous le séquestre les usines et les ateliers dont les travaux sont arrêtés; en garantissant l'intérêt que les ateliers paieront sur ces propriétés; en créant des bons de service à toutes coupures représentant la valeur de ces diverses propriétés, et garantis par elles; en donnant cours à ces bons pour approvisionner les magasins.

En résumé voici notre pensée :

Organiser l'atelier et le magasin et modifier le système monétaire, à l'effet de donner en tout temps du travail à tous, et de manière à ce que les produits de ce travail arrivent aux consommateurs aux meilleures conditions possibles, et pour que les bénéfices en soient répartis équitablement entre ceux qui auront contribué à la production et développé la valeur de cette production. Nous voulons que le producteur trouve le bien-être moral et matériel dans son travail.

Suivant nous, le travail ne sera organisé que lorsque les fruits de ce travail seront employés avant tout à répandre l'instruction chez tous;

A soigner le malade, non pas à l'hôpital, mais chez lui, dans sa famille;

A pensionner le vieillard, la veuve, et à élever l'orphelin;

Et, lorsque tous ces services étant assurés, le surplus de ses fruits retournera aux mains de chaque travailleur, dans la proportion de sa participation à la production.

Alors, mais seulement alors, les travailleurs pourront se réjouir, car ils pourront dire : Nous sommes libres, nous sommes égaux, nous sommes frères. Jusque-là il y aura toujours entre eux un germe de discorde. Jusqu'à ce qu'il en soit ainsi, les révolutions se succéderont sans interruption; si des mesures promptes et efficaces ne sont prises pour obtenir ces résultats, nous verrons renaître les temps de barbarie, Dieu nous abandonnera, et, comme Ninive, Paris disparaîtra.

H. OBERT.

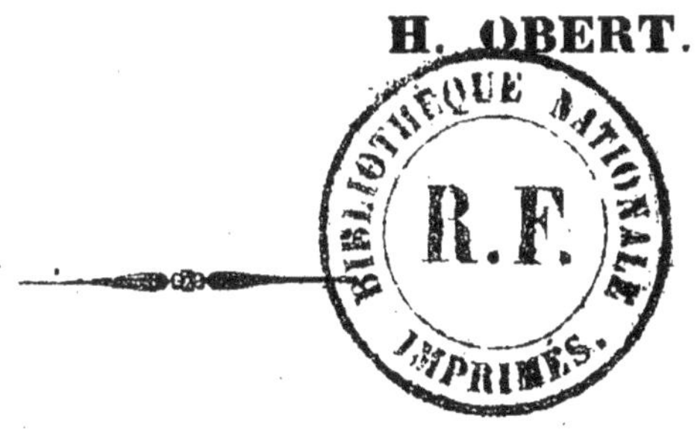

Imp. Pollet, rue St-Denis, 380. — CARRÉ, associé, passage du Caire, 77.

www.ingramcontent.com/pod-product-compliance
Lightning Source LLC
LaVergne TN
LVHW010332230826
846091LV00009B/3836

9782011763952